Date: / /

Something to be grateful for today

Date: / /

Something to be grateful for today

Date: / /

Something to be grateful for today

Date: / /

Something to be grateful for today

Date: / /

Something to be grateful for today

Date: / /

Something to be grateful for today

Date: / /

Something to be grateful for today

Date: / /

Something to be grateful for today

Date: / /

Something to be grateful for today

Date: / /

Something to be grateful for today

Date: / /

Something to be grateful for today

Date: / /

Something to be grateful for today

Date: / /

Something to be grateful for today

Date: / /

Something to be grateful for today

Date: / /

Something to be grateful for today

Date: / /

Something to be grateful for today

Date: / /

Something to be grateful for today

Date: / /

Something to be grateful for today

Date: / /

Something to be grateful for today

Date: / /

Something to be grateful for today

Date: / /

Something to be grateful for today

Date: / /

Something to be grateful for today

Date: / /

Something to be grateful for today

Date: / /

Something to be grateful for today

Date: / /

Something to be grateful for today

Date: / /

Something to be grateful for today

Date: / /

Something to be grateful for today

Date: / /

Something to be grateful for today

Date: / /

Something to be grateful for today

Date: / /

Something to be grateful for today

Date: / /

Something to be grateful for today

Date: / /

Something to be grateful for today

Date: / /

Something to be grateful for today

Date: / /

Something to be grateful for today

Date: / /

Something to be grateful for today

Date: / /

Something to be grateful for today

Date: / /

Something to be grateful for today

Date: / /

Something to be grateful for today

Date: / /

Something to be grateful for today

Date: / /

Something to be grateful for today

Date: / /

Something to be grateful for today

Date: / /

Something to be grateful for today

Date: / /

Something to be grateful for today

Date: / /

Something to be grateful for today

Date: / /

Something to be grateful for today

Date: / /

Something to be grateful for today

Date: / /

Something to be grateful for today

Date: / /

Something to be grateful for today

Date: / /

Something to be grateful for today

Date: / /

Something to be grateful for today

Date: / /

Something to be grateful for today

Date: / /

Something to be grateful for today

Date: / /

Something to be grateful for today

Date: / /

Something to be grateful for today

Date: / /

Something to be grateful for today

Date: / /

Something to be grateful for today

Date: / /

Something to be grateful for today

Date: / /

Something to be grateful for today

Date: / /

Something to be grateful for today

Date: / /

Something to be grateful for today

Date: / /

Something to be grateful for today

Date: / /

Something to be grateful for today

Date: / /

Something to be grateful for today

Date: / /

Something to be grateful for today

Date: / /

Something to be grateful for today

Date: / /

Something to be grateful for today

Date: / /

Something to be grateful for today

Date: / /

Something to be grateful for today

Date: / /

Something to be grateful for today

Date: / /

Something to be grateful for today

Date: / /

Something to be grateful for today

Date: / /

Something to be grateful for today

Date: / /

Something to be grateful for today

Date: / /

Something to be grateful for today

Date: / /

Something to be grateful for today

Date: / /

Something to be grateful for today

Date: / /

Something to be grateful for today

Date: / /

Something to be grateful for today

Date: / /

Something to be grateful for today

Date: / /

Something to be grateful for today

Date: / /

Something to be grateful for today

Date: / /

Something to be grateful for today

Date: / /

Something to be grateful for today

Date: / /

Something to be grateful for today

Date: / /

Something to be grateful for today

Date: / /

Something to be grateful for today

Date: / /

Something to be grateful for today

Date: / /

Something to be grateful for today

Date: / /

Something to be grateful for today

Date: / /

Something to be grateful for today

Date: / /

Something to be grateful for today

Date: / /

Something to be grateful for today

Date: / /

Something to be grateful for today

Date: / /

Something to be grateful for today

Date: / /

Something to be grateful for today

Date: / /

Something to be grateful for today

Date: / /

Something to be grateful for today

Date: / /

Something to be grateful for today

Date: / /

Something to be grateful for today

Date: / /

Something to be grateful for today

www.ingramcontent.com/pod-product-compliance
Lightning Source LLC
Chambersburg PA
CBHW071210120626
46546CB00006B/2496
*9781957672076*